Sinä olet tärkeä minulle

© 2024 Niina Haapala
Kustantaja: BoD · Books on Demand,
Mannerheimintie 12 B, 00100 Helsinki,
bod@bod.fi
Kirjapaino: Libri Plureos GmbH,
Friedensallee 273, 22763 Hampuri, Saksa
ISBN: 978-952-80-2350-0

Sinun ansiostasi minun ei tarvitse enää etsiä rakkautta, koska sinä olet rakkaus, jota olen etsinyt ja jota ilman en voi elää.

Eilen olin yksin ja minulla oli tylsää. Nyt minulla on kaikki mitä tarvin, koska sinä tulit elämääni ja toit kaiken mitä minulta puuttui.

Tänään, kun avasin silmäni ja näin sinun katseesi, unohdin kuinka yksinäinen vielä eilen olin.

Sinä olet aurinko, joka valaisee tieni ja yö, joka turvaa uneni.

Olet aamu johon herään, päivä jossa elän, ilta johon nukahdan, yö jossa nukun. Olet minulle kaikki.

Mä tahtoisin olla lähelläsi
ja nähdä sinut, sillä sinä
olet elämä, joka turvaa
päiväni ja tekee minusta
onnellisen.

Jos katseella voisi kertoa kaiken mitä haluaa, minä kertoisin, että ilman sinua en ole mitään.

Ilman sinua tunnen itseni vajaaksi, koska sinä olet osa minua.

Se tunne, kun olet lähelläni saa minut kikattamaan, koska sinä olet rakkaus, joka tuo iloa elämääni.

Tänään jos voisin
kertoa mitä ajattelen,
sanoisin, että sinä teet
minusta onnellisen.

Ajatus siitä, että tänään vielä rakastat minua tekee minusta onnellisen, mutta ajatus, että huomenna kaikki voi olla toisin tuo illalla epävarman olon.

Tuntuu niin rennolta,
kun voin olla varma
siitä, että rakastat
minua myös silloin, kun
itse en rakasta itseäni.

Kahdestaan on
hauskempaa, koska
toisen kanssa voi
ajatuksia vaihtaa.

Kun mietin sinua
toivon, että pystyisit
lukemaan ajatukseni
ja olisit varma, että
rakastan sinua.

Sinä vain olet jotain niin suloista, joka tekee minusta rauhattoman ja levottoman.

Sinä teet minusta onnellisen niin, että hihityttää ja naurattaa, eikä mikään enää ahdista.

Vaikka ulkona sataisi ja olisi kylmä, minua ei silti palele, koska rakkaus sinuun lämmittää minua joka hetki.

Aamulla heräsin
ajatukseeni, että
rakastatko minua,
vaikka tiesin jo
sanomatta, että
rakastat.

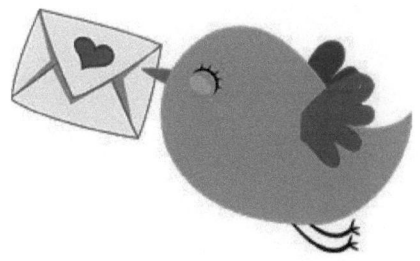

Tunnen itseni alakuloiseksi, koska et ole lähelläni, enkä voi kertoa sinulle, että ilman sinua en ole mitään.

Jos voisin kertoa mitä ajattelen. Kertoisin, että joka päivä, paikasta riippumatta, ajattelen rakastatko vielä minua vaikka tiedän jo, että rakastat.

Jos jokainen kyynel sinusta
olisi sadepisara. Voisit
ikkunasta katsoessa nähdä
joka päivä vierivän suuren
tulvan. Ne jokainen vain
kertoo sinulle päivittäin
kaipauksestani sinuun.

Kesällä, kun aurinko paistaa minullakin on lämmin, koska tiedän, että saan olla taas kanssasi ja tuntea sinut lähelläni.

Jos minun pitäisi kertoa mitä mielessäni liikkuu, kertoisin, että ensimmäisenä olet sinä, toisena olet sinä ja kolmantenakin olet sinä, mutta miksi, siksi koska valtaat mieleni.

Vaikka et rakastaisikaan minua tänään etkä huomenna, etkä edes ylihuomenna, minä rakastan sinua joka hetki.

Jos soittaisit minulle, kertoisin rakastavani sinua, mutta miksi? Siksi, koska olet elämäni.

Rakkauteni sinuun on kuin puun kasvu. Ainoa mitä eroa rakkaudellani ja puun kasvulla on, niin rakkauteni sinuun ei lopu koskaan kasvamasta, kun taas puun kasvu jossain välin.

Sinä olet mulle kaikki mitä kaipaan, odotan ja rakastan.

Taivaan tuikkivat
tähdet viestivät
rakkaudestani sinuun,
jonka toivon olevan
ikuista.

Jos sataa, se kertoo kaipuustani sinuun. Jos taas aurinko paistaa, se kertoo onnellisuudesta, kun saan olla kanssasi.

Jos jokainen kyynel
sinusta olisi sadepisara,
olisi jokainen pato
mennyt rikki ajat sitten
ja kaikki paikat olisivat
tulvien alla.

Elämä on mustaa,
koska sinä et ole
täällä, enkä minä voi
sanoa sulle, että ilman
sinua en ole yhtään
mitään.

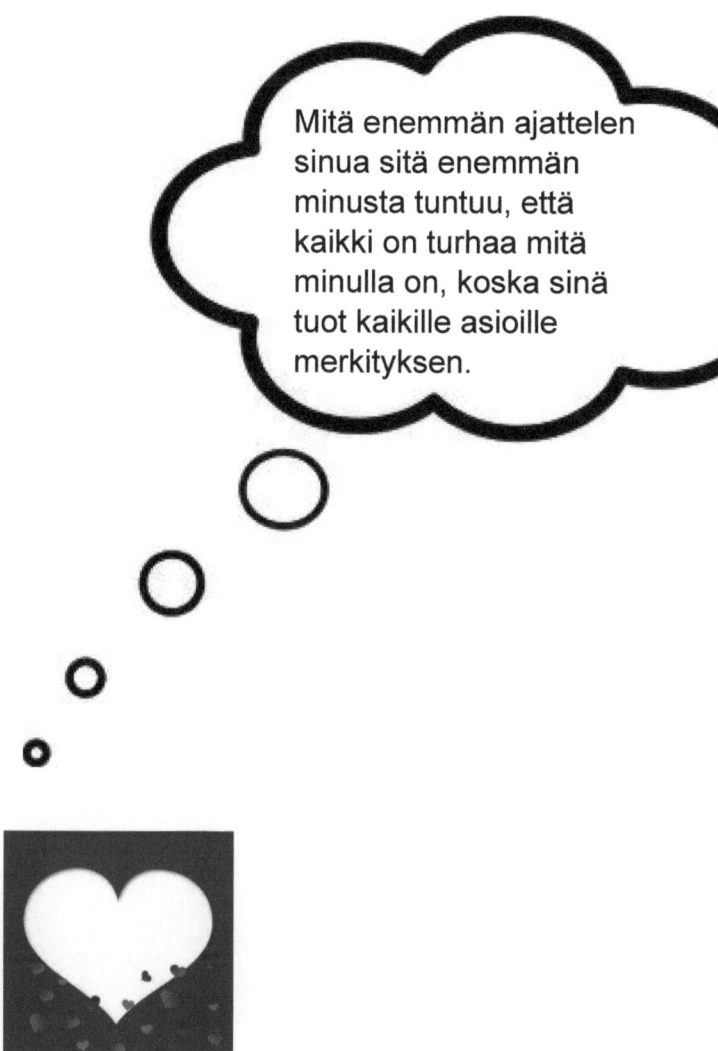

Mitä enemmän ajattelen sinua sitä enemmän minusta tuntuu, että kaikki on turhaa mitä minulla on, koska sinä tuot kaikille asioille merkityksen.

Työ ei ole sitä, mitä teen työpaikalla. Työ on sitä, etten voi olla kanssasi ja näyttää, että sinä olet osa minua ja ilman sinua mikään ei ole mitään.

Elämässä on hetkiä,
jolloin on pysähdyttävä
miettimään mitä on,
vaikka aina tulee
samaan lopputulokseen,
että ilman sinua ei ole
yhtään mitään.

Kun emme ole yhdessä, mietin aina silloin mitä teet juuri sillä hetkellä.

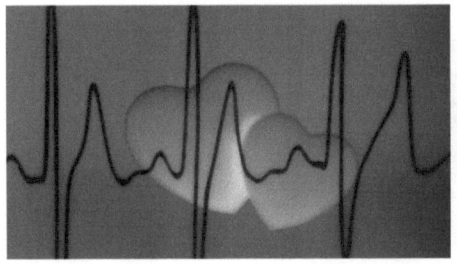

Minusta tuntuu kuin minulta puuttuisi kaikki ilman sinua ja sekin vain siksi, koska sinä tuot kaikille asioille merkityksen.

Kaikki päivät tuntuvat
samanlaisilta, koska
sinä sait läsnä olemalla
jokaisesta päivästä
erilaisen.

Kun sinä soitat minulle keskellä yötä ja kysyt mitä minulle kuuluu, minä voin olla varma, että se on merkki aidosta rakkaudestasi minuun.

Kun tulen päivällä kotiin ja sinä odotat minua ovella, olen varma, että meidän rakkautemme on todellista.

Taivaan tuikkivat tähdet
valaisevat pimeänä
yönä, onneksi sinä
valaiset jokaista
hetkeäni.

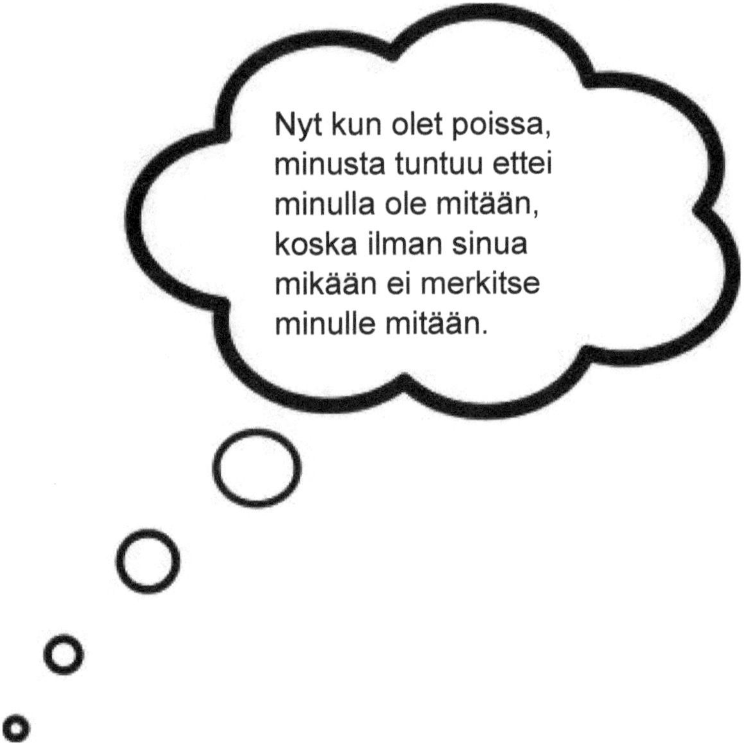

Nyt kun olet poissa,
minusta tuntuu ettei
minulla ole mitään,
koska ilman sinua
mikään ei merkitse
minulle mitään.

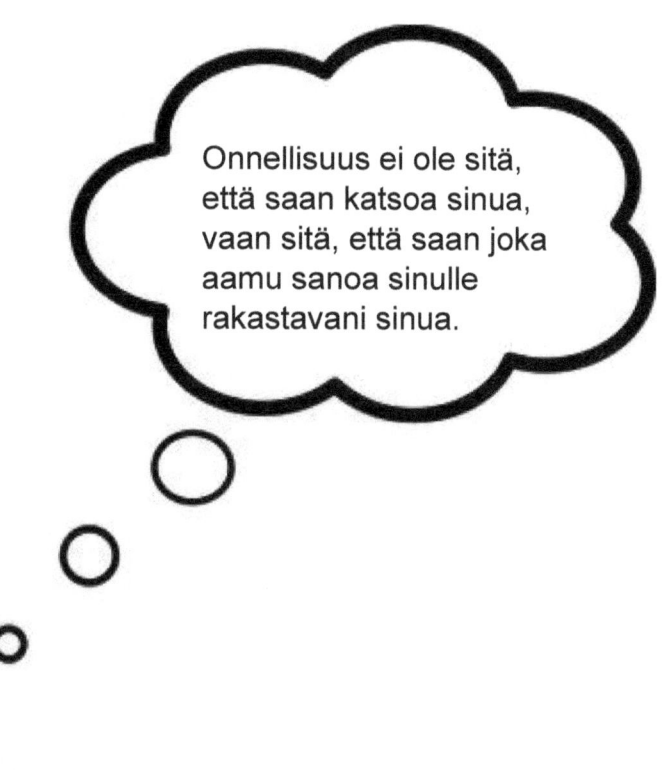

Onnellisuus ei ole sitä,
että saan katsoa sinua,
vaan sitä, että saan joka
aamu sanoa sinulle
rakastavani sinua.